AF404508

CATALOGUE

COMPLET

DES RÉPUBLIQUES.

Se trouve

CHEZ COLOMB DE BATINES

SUCCESSEUR DE CROZET

QUAI MALAQUAIS, N° 15.

———

— Tiré à 125 exemplaires —

CATALOGUE

COMPLET

DES RÉPUBLIQUES

IMPRIMÉES EN HOLLANDE

In-24

AVEC DES REMARQUES

sur les diverses éditions

PAR DE LA FAYE.

PARIS

IMPRIMERIE PANCKOUCKE

RUE DES POITEVINS, 14.

1842

Sur le titre primitif de cet opuscule, j'avais indiqué sur
l'affirmation d'un bibliophile, et contre mon opinion, que
les *Petites Républiques* étaient de format *in-16*; ayant depuis acquis la certitude qu'elles sont de format *in-24*,
j'ai fait réimprimer ce titre, pour le peu d'exemplaires
qui me restent, en avertissant le lecteur que la fausse indication *in-16*, partout où elle se trouve dans l'Appendice
(p. 35 à 48), devra être remplacée par *in-24*.

CATALOGUE

COMPLET

DES RÉPUBLIQUES

IMPRIMÉES EN HOLLANDE

In-16

AVEC DES REMARQUES

sur les diverses éditions

PAR DE LA FAYE.

PARIS

IMPRIMERIE PANCKOUCKE

RUE DES POITEVINS, 14

1842

Dans son *Essai bibliographique sur les Éditions des Elzévirs*, M. Bérard n'a pas jugé convenable de donner le Catalogue des *petites Républiques* imprimées en Hollande, et pour la plupart par les habiles imprimeurs dont il s'est occupé. « Le peu de cas que l'on fait actuellement de ces *Républiques*, dit-il dans la note de la page 23 de sa Notice, nous a autorisé à ne point nous en occuper. On trouve, d'ailleurs, dans les *Mémoires de Littérature* de S*** (Sallengre), tome II, page 149 de la seconde partie [1], un Catalogue de toutes ces *Républiques* avec l'indication des différentes éditions, et de celles que l'on doit préférer. Ce Catalogue est fait avec beaucoup d'exactitude, et nous y renvoyons ceux qui pourraient se plaindre de notre omission. » Admirateur des productions sorties des presses elzéviriennes, il est bien permis à un modeste correcteur qui, loin de se comparer au docte Zetterus, n'en a pas moins, comme lui, sacrifié sa vie à l'art typographique, et qui a lu les cent soixante-dix-huit volumes dont

---

[1] Édition de la Haye, Henri du Sauzet, 1717.

se compose la *Bibliothèque Latine-Française* publiée par M. C.-L.-F. Panckoucke ; il lui est bien permis, dis-je, de tirer de l'injuste oubli où elle est tombée, cette charmante petite collection, n'eût-elle d'autres titres que celui d'avoir commencé la réputation des deux associés Bonaventure et Abraham.

Il offre donc, dans un format elzévirien, le *Catalogue des petites Républiques* par de la Faye, inséré par Sallengre dans ses *Mémoires de Littérature ;* mais il a eu soin d'en rendre la lecture moins fatigante, en faisant disparaître quelques expressions impropres, quelques tours de phrase hasardés, et en traduisant quelques passages qui, par leur mauvaise disposition, lui ont paru devoir embarrasser le lecteur. L'Appendice, en outre, a été presque totalement refondu. Telle est la part qu'il a prise à ce travail, qu'il a cru devoir présenter dans une petite brochure élégante et d'une correction parfaite ; et, comme le nombre des personnes dévouées à l'art typographique lui semble fort restreint, il ne l'a fait tirer qu'à 125 exemplaires, dont 12 sur papier de Hollande.

J. C.

AVANT-PROPOS

PAR

SALLENGRE.

Ces *petites Républiques*, imprimées pour la plupart en Hollande, chez les Elzévirs, ont été fort en vogue pendant un certain temps; il y en a plusieurs dont il s'est fait trois éditions différentes dans la même année. Ce fut vers l'an 1626 que ces petits traités commencèrent à paraître, et ils se sont fort multipliés dans la suite. Quoique le goût en ait un peu vieilli, il y a encore beaucoup de personnes qui se plaisent à faire un recueil complet de ces *Républiques*, qui, rassemblées, forment une espèce de bibliothèque pour la géographie, l'histoire et la politique de cette époque. C'est en faveur de ces personnes que je donne le *Catalogue des Républiques avec des Remarques*. Il m'a été communiqué par M. de la Faye, qui a confronté avec beaucoup de soin et d'exactitude les différentes éditions de cette petite collection; et l'on doit lui savoir gré de ce travail, car on y apprendra quelles sont les éditions les plus complètes et les plus correctes, et désormais on ne les achètera plus indifféremment.

CATALOGUE

DES

RÉPUBLIQUES.

Respublica Achæorum et Veientium.
Ultraj., Zyll. 1664.

Africæ Descriptio, *Jo. Leonis Afri-
cani.* Lugd. Bat., Elzev. 1632.
2 tom. 1 vol.

Respublica Anglorum, *Thomæ Smithi
et aliorum.* Lugd. Bat., Elzev. 1625.

Il y a deux éditions de 1625, dont l'une
porte le Privilége à la dernière page, tandis
qu'on ne le trouve pas dans l'autre. Il y a une
édition de 1630, imprimée aussi chez les Elzévirs, qui est beaucoup plus complète que
celles-ci. Il y en a une autre de 1641 dans
laquelle on a ajouté : 1º *les Chemins d'une ville*

à l'autre, qui est avant la Table des chapitres;
2° trois chapitres entiers, savoir : le XIe, *de
Walliæ, etc.;* le XIIe, *de Cornubiæ, etc.;* et
le XIIIe, *de Comitatu Castriæ, etc.* Du reste,
elle n'est pas si exacte que celle de 1630, et
la Table des chapitres est fautive, en ce que
le renvoi aux pages n'a pas été rectifié, et
porte les mêmes chiffres que l'édition de 1630,
qui a servi de copie.

Respublica Arabiæ, *Variorum.* Amst., Janss. 1633.

Il y a une autre édition, *apud Blaeu*, 1635,
qui est beaucoup plus exacte et plus correcte.
Outre la ponctuation, qui est fort mal observée
dans celle de 1633, elle est remplie de fautes,
dont voici quelques-unes que j'ai relevées en
divers endroits : Page 9, lig. 6, au lieu de
tentoriis, lisez *tentoria*, comme on lit dans
l'édition de 1635, page 8, ligne 6 en remontant. — Même page, lig. 6, lisez *quotidiana
experientia* sans accent, comme le porte
l'autre édition, page 9, lig. 18. — Page 13,
lig. dernière, au lieu de *vin apo tant*, lisez,
comme dans l'édition de 1635, *vina potant.*
— Page 15, lig. 12 en remontant, au lieu de
Solymus, lisez *Selymus*, comme le porte l'autre
édition, page 14, lig. 7 en remontant. —
Même page, ligne avant-dernière, supprimez
le mot *ab*, qu'on doit aussi faire disparaître
de l'édition de 1635, page 16, lig. 2. —
Page 17, lig. 8, au lieu de *nedum*, lisez *nec-
dum.* Du reste, ces deux éditions sont entièrement semblables, et il n'y a rien de plus
dans l'une que dans l'autre.

Respublica Argentoratensis. Argent., 1673.

Respublica Atheniensium, *Guill. Postelli.* Lugd. Bat., Elzev. 1621, 1645; et Maire 1634, 1635 et 1645.

Maire a donné deux éditions avec la date 1635.

Respublica Batava, *Adr. Houtuyn.* Hagæ Com., Hagen. 1689.

Respublica Belgii confoederati. Lugd. Bat., Elzev. 1630.

Il y a trois éditions de cette année 1630 : la première contient 352 pages, et la seconde 359, non compris l'Index. On remarque dans celle-ci beaucoup d'additions. Ainsi, page 57, depuis le mot *Maeslandia* jusqu'à la fin de la page 59. — Page 85, vers la fin, *Quibus accedit Goerea, etc.*, jusqu'à *sunt præterea, etc.* — Page 319, les cinq dernières lignes, depuis ces mots *Hic autem confirmav.*, sont ajoutées. — Page 331, l'article VII, *Trajectum ad Mosam*, est entièrement ajouté, ainsi que l'article IX, *Arces aliquot, etc.*, page 336. — Page 337, depuis *Limburgum ducatus* jusqu'au mot *poterunt* de la page 344. — Enfin les *Appendices ad Gelriam et ad Hollandiam*, qui dans la première édition avaient été rejetés à la fin du volume, ont été mis dans celle-ci à leur place naturelle. Quoique la troisième édition de cette même année 1630 soit entièrement semblable à la deuxième, et qu'elle ne porte point de nouvelles additions, elle est pourtant préférable; car le papier en est plus beau, le caractère plus neuf et, par conséquent, plus net.

Belgium foederatum, *M. Schokii.* Amst., 1652 et 1665.

De Statu confoed. provinc. Belg., (*M. Z. Boxhornii*). Hagæ Com., Verhoeve 1640.

Le même imprimeur a donné postérieurement plusieurs éditions du même ouvrage, mais de format in-12.

De Statu foederati Belgii, *Merulæ.* Hagæ Com., 1650.

Boiema, *Pauli Stransky.* Lugd. Bat., Elzev. 1634 et 1643.

L'édition de 1643 est beaucoup augmentée et plus correcte que la précédente; car outre le XII⁰ chapitre, *de Bojemorum legibus*, et le XX⁰, *de Regum ad Bojemos funebralibus*, qui ont été ajoutés, il y a plusieurs autres additions. Telle est celle qui commence à la page 46, ligne avant-dernière, à ces mots : *Sal ex Austria, etc.*, et qui finit à la page 47, à *Fisci, etc.*

Respublica Bosphori Thracii, *Petri Gyllii.* Lugd. Bat., Elzev. 1632.

Il existe une autre édition de cette même année 1632, qu'on pourrait confondre avec

la précédente, car elle est entièrement semblable; mais le grec * est plus correct dans la
deuxième édition que dans la première, et, en
outre, on y a corrigé quelques fautes. Ainsi,
dans l'épitaphe de Gyllius (qui est à la fin du
volume, immédiatement avant la Table), ligne
dernière, il y avait *vicit annos LXV menses,
dies, etc.*, on a corrigé *vicit annos LX V menses, dies, etc.* Il est, du reste, assez indifférent de posséder l'une ou l'autre de ces deux
éditions; on doit seulement remarquer que le
papier de la première est plus beau et le caractère plus net.

REGNI CHINENSIS DESCRIPTIO. Lugd.
Bat., Elzev. 1639.

DE CONSTANTINOP. TOPOGRAPHIA, *Petri
Gyllii*. Lugd. Bat., Elzev. 1632.

Il existe une seconde édition de cette même
année et des mêmes imprimeurs, qui est toute
semblable, excepté que la Table des chapitres
dans celle-ci se trouve à la fin du volume,
tandis que dans la première elle précède l'ouvrage et contient 6 pages, ce qui fait que cette
édition a 428 pages, et la seconde 422 seulement. Ainsi il n'y a pas un mot de plus dans
l'une que dans l'autre; mais cela n'empêche
pas qu'on ne doive préférer la dernière, tant

---

* Cependant on a changé dans l'épigramme qui est à la
page 137, lig. 2, le mot Κλίτας en celui de Κλέος,
quoique ce premier soit ainsi dans l'*Anthologie*, liv. IV,
ch. 15, page 731, et dans le *Lexicon grec* de Constantin,
qui cite cet endroit.

parce que le papier en est plus beau et le caractère plus net, que parce qu'elle est plus correcte que l'autre, où on lit : Page 31, lig. 1, *admonuisse* pour *admonuisset*. — Page 33, lig. 5, *oneratiarum* pour *onerariarum*. — Page 121, lig. 9, *Amynones* pour *Amymones*, etc.

RESPUBLICA DANIÆ, NORVEGIÆ, ETC., *Rutgeri Hermandiæ*. Lugd. Bat., Elzev. 1629.

Il y a une autre édition, de cette même née 1629 et des mêmes imprimeurs, qu'on doit préférer à la première ; car l'auteur y a ajouté une Préface et une Table, et les fautes indiquées dans l'*errata* de la première ont été soigneusement corrigées. Cette seconde édition n'a que 447 pages, tandis que l'autre en a 510.

Une autre édition de ce même ouvrage a aussi été donnée à Amsterdam avec la date 1670.

RESPUBLICA GALLIÆ (*J. de Laet*). Lugd. Bat., Elzev. 1629.

Il existe deux éditions de cette année 1629, l'une de 461 pages, et l'autre de 443, où l'on a corrigé les fautes de l'*errata* qui est à la fin de la précédente. Du reste, il n'y a rien d'ajouté qu'une ligne dans la Table, savoir, *Connubium Ludovici XIII*, page 355, et page 369 de l'autre édition, quoiqu'on ne l'ait pas mis dans la Table. Cette *République* (année 1629) n'est qu'un abrégé fait par J. de la précédente, car elle est entièrement semblable ; mais le grec * est plus correct dans la deuxième édition que dans la première, et, en outre, on y a corrigé quelques fautes. Ainsi, dans l'épitaphe de Gyllius (qui est à la fin du volume, immédiatement avant la Table), ligne dernière, il y avait *vicit annos LXV menses, dies, etc.*, on a corrigé *vicit annos LX V menses, dies, etc.* Il est, du reste, assez indifférent de posséder l'une ou l'autre de ces deux éditions ; on doit seulement remarquer que le papier de la première est plus beau et le caractère plus net.

Regni Chinensis Descriptio. Lugd. Bat., Elzev. 1639.

365 pages.

De Constantinopoleos Topogr. lib. iv, *P. Gyllii*. Lugd. Bat., Elzev. 1632.

Il existe une seconde édition de cette même année et des mêmes imprimeurs, qui est toute semblable, excepté que la Table des chapitres dans celle-ci se trouve à la fin du volume, tandis que dans la première elle précède l'ouvrage et contient 6 pages, ce qui fait que cette édition a 428 pages, et la seconde 422 seulement. Ainsi il n'y a pas un mot de plus dans l'une que dans l'autre ; mais cela n'empêche

---

* Cependant on a changé dans l'épigramme qui est à la page 137, lig. 2, le mot Κλέτας en celui de Κλέος, quoique ce premier soit ainsi dans l'*Anthologie*, liv. IV, ch. 18, page 731, et dans le *Lexicon grec* de Constantin, qui cite cet endroit.

pas qu'on ne doive préférer la dernière, tant
parce que le papier en est plus beau et le caractère plus net , que parce qu'elle est plus
correcte que l'autre, où on lit : Page 31, lig. 1 ,
admonuisse pour *admonuisset.* — Page 33,
lig. 5, *oneratiarum* pour *onerariarum.* —
Page 121 , lig. 9 , *Amynones* pour *Amymones, etc.*

RESPUBLICA DANIÆ , NORVEGIÆ , ETC., *Rutgeri Hermandiœ.* Lugd. Bat., Elzev. 1629.

Il y a une autre édition , de cette même
année 1629 et des mêmes imprimeurs, qu'on
doit préférer à la première : car l'auteur y a
ajouté une Préface et une Table ; et les fautes
indiquées dans l'*errata* de la première ont été
soigneusement corrigées. Cette seconde édition n'a que 447 pages, tandis que l'autre en
a 510.

Une autre édition de ce même ouvrage a
aussi été donnée à Amsterdam avec la date
1670

RESPUBLICA GALLIÆ (*J. de Laet*). Lugd. Bat., Elzev. 1629.

Il existe deux éditions de cette année 1629 ,
l'une de 461 pages, et l'autre de 443, où l'on
a corrigé les fautes de l'*errata* qui est à la
fin de la précédente. Du reste, il n'y a rien
d'ajouté qu'une ligne dans la Table, savoir, *Connubium Ludovici XIII*, page 355, et
page 369 de l'autre édition, quoiqu'on ne
l'ait pas mis dans la Table. Cette *République*
(année 1629) n'est qu'un abrégé fait par J. de

I'

Laet, avec ce titre : Gallia, sive de Francorum regis dominiis et opibus commentarius.

Il y a une édition de 1826 qui contient cinq traités de différents auteurs avec ce titre : Respublica, sive Status regni Galliæ, *diversorum auctorum*.

Respublica Germanici imperii. Lugd. Bat., Elzev. 1634. 2 vol.

Le 1er volume a 414 pages, et le 2e 382. Il y a une seconde édition dont le 1er volume, qui a 408 pages, a paru en 1634, et le 2e, de 382 pages, en 1640.

Respublica Rom. Germ., *Jac. Lampadii*. Lugd. Bat. Maire 1634 et 1642.

Respublica Græcorum, *Ubbonis Emmii*. Lugd. Bat., Elzev. 1632. 2 vol.

Le 1er volume contient 426 pages, et le 2e, 323.

Il existe une autre édition moins belle : le 1er volume, de 415 pages, porte la même date de 1632, et le 2e volume, de 300 pages, est daté de 1644.

De Rebuspublicis Hanseaticis, *J. Ang. Werdenhagen*. Lugd. Bat., apud Maire 1631. 4 vol.

Respublica Hebræorum, *Bon. Corn. Bertrami*. Lugd.-Bat., Maire 1641.

Il existe une autre édition de 1651, *apud Maire*, entièrement conforme à celle de 1641, qu'on a suivie de tout point jusqu'aux réclames. On n'a pas même corrigé toutes les fautes qui sont indiquées dans l'*errata* de la première édition, qu'on doit préférer pour la netteté du caractère, et surtout parce qu'elle a été faite sous les yeux et par la direction de *Const. L'Empereur*, qui l'a publiée.

Respublica Hebræorum, *Petri Cunæi*. Lugd. Bat., Elzev. 1632.

Il y a deux éditions de 1632, qui diffèrent seulement en ce que la seconde a été imprimée avec un caractère plus petit et plus net, et qu'on y a corrigé l'*errata* qui se trouve à la fin de la première édition. On doit donc la lui préférer. Elle a seulement 372 pages, tandis que la première en a 502.

Monarchia Hebræorum, *Adr. Houtuyn*. Lugd. Bat., apud Lopez 1685.

Respublica Hebræorum, *Sigonii*. Mediob., Goree, 1678.

Respublica Hebræorum, *Jo. L. Reimeri*. Havn., Lamprecht 1657.

Respublica Hebræorum, *Altingii* Amst., apud Jo. Janss. 1652,

Dont voici le titre : **Hebræorum Respu**

BLICA SCHOLASTICA : sive *Historia Academia-*
rum et promotionum academicarum in populo
Hebræorum : gemina oratione delineata, et
in gemina Panegyri academica recitata a Ja-
cobo Alting, hebrææ linguæ in Academia Gro-
niguæ et Omlandiæ professore. Accedit Ap-
pendix gemina : 1. Catalogum doctorum ju-
dæorum, et 2. Historiam litterarum et artium
apud Hebræos.

RESPUBLICA HELVETIORUM. Lugd. Bat., Elzev. 1627.

Il existe trois éditions de 1627, dont deux
ont 535 pages, et une 508. Elles sont toutes
les trois également complètes. La différence
du nombre des pages provient seulement de ce
que la matière est plus serrée dans celle qui
n'en a que 508. On doit pourtant préférer
cette dernière, qui est la seconde, tant à cause
du papier, qui est d'une plus belle qualité, que
pour la correction, qui est plus soignée.

HISPANIA, *sive* De Regis Hispaniæ Regnis et opibus Commentarius (*J. de Laet*). Lugd. Bat., Elz. 1629 et 1641.

Il y a deux éditions de l'année 1629, dont
l'une a été beaucoup augmentée. Parmi les
nombreuses additions faites à différents endroits de l'ouvrage, le chapitre VII, *de In-*
sulis Canariis, qui est à la page 176, est entièrement ajouté, et on a mis la Table des
Provinces, etc., à la fin, tandis que dans
l'autre édition elle était placée après la Dédicace et la Table des chapitres. L'une a
498 pages, et l'autre 520.

Respublica Hollandiæ (*Petri Scriverii*). Lugd. Bat., Maire 1630. Secundis curis *Scriverii*, ut habetur pag. 16 fin.

Il y a une autre édition, publiée la même année 1630 par le même imprimeur, dont le caractère est plus net, dont la correction a été mieux soignée, et qui a été augmentée. On pourrait d'abord les prendre l'une pour l'autre, car les réclames sont partout semblables. Mais, en les comparant minutieusement, on trouve ces différences : page 16, lig. 5, la première édition porte conspectus en bas de casse ; dans la deuxième, ce mot se trouve ainsi CONSPECTUS. — Page 17, lig. dern., la première porte *autem*, et la deuxième *aute*. — Page 49, les lignes 11 à 19 de la première ne concordent pas avec les mêmes lignes de la seconde. — Page 57, lig. 5 en remontant, on lit *atq.* dans la première, et la seconde porte *atque* sans abréviation, etc. On trouve encore qu'à la première édition, après la 514ᵉ page, où se termine le texte, la Table suit, et qu'à la seconde édition, après la page 507, où finit le texte, on a ajouté des vers *de Etymo Zelandiæ*, qu'on ne trouve point dans la première. La différence apparente dans le nombre des pages de ces deux éditions provient de ce que dans la première on a coté 489 la page 481, et que l'erreur a été continuée jusqu'à la fin.

Il existe encore une édition de 1630, différente des deux autres indiquées ci-dessus, en sorte que la même année a vu s'épuiser complétement deux éditions et une partie de la troisième. Il est présumable, d'après cela, que le nombre du tirage devait être assez restreint. Au reste, il paraît que celle-ci est la première des trois. Le caractère en est plus petit, et elle a moins de pages que les deux autres, qui ne contiennent cependant rien de plus. La raison en est que les pages sont de 29 lignes dans l'une, tandis que les autres n'en ont que 24. D'ailleurs, outre l'*errata*, qu'on a mis à la fin, et qui est exactement corrigé dans les deux suivantes, on y remarque un grand nombre d'autres fautes, et le caractère est si usé, qu'il est souvent difficile de distinguer les *œ* des *a*, et les *r* des *t*, surtout dans les notes qui sont à la fin du traité de Grotius, *De Antiquitate Reipubl. Batavicæ*, qui commencent à la page 87 et finissent à la page 120. Cette édition doit donc être considérée comme mauvaise.

Respublica et Status Regni Hungariæ. s. l., Elzev. 1634.

Respublica Icariæ, *Joh. Bisselii,* recusa Allopoli, 1667.

De quatuor summis Imperiis, *Sleidani.* Lugd. Bat., Elzev. 1631.

Voyez l'article Sleidanus, à l'Appendice, page 46.

Respublica Indiæ, vide Mogolis.

De Principatibus Italiæ. Lugd. Bat., Elzev. 1628.

Il y a une deuxième édition, de 1631, sur le

titre de laquelle on lit : *Priore longe auctior.*
Mais un examen prolongé n'a servi qu'à dé-
montrer que ces deux éditions sont entièrement semblables. Ainsi, il n'y a rien qui
motive le choix de l'une ou de l'autre.

DESCRIPTIO REGNI JAPONIÆ, *Bn. Va-*
renii. Amst., Elzev. 1649.

Il faut remarquer que celle-ci est la dernière de toutes les Républiques, comme le
dit Varenius, qui l'a publiée, *initio Dissert.*
suæ de Rebuspublicis in genere, huic edit.
præmissæ, quam vide. Præterea adjecta est
brevis informatio de diversis gentium religio-
nibus.

RESPUBLICA LEODIENSIS, *M. Z. Boxhor-*
nii. Amst., Janss. 1633.

Cette édition a 516 pages, sans la Préface
et les vers qui sont devant. Elle n'a point de
Table. — Il existe en apparence une autre
édition, *Leidæ, apud Isaacum Commelin.* 1663;
mais, examen fait, il en résulte que c'est la
même que la précédente, et qu'elle n'en dif-
fère que par le titre. Commelin étant mort,
Jansson acheta les exemplaires qui restaient,
et y ajouta un nouveau titre avec son nom.

RESPUBLICA LITUANIÆ, vide POLONIÆ.

RESPUBLICA LUTZEMBURGENSIS, HANNO-
NIÆ ET NAMURCENSIS. Amst., Janss.
1634, et Blaeu 1635.

Respublica Massiliæ, *Henrici*. Argent., Staedel 1652 et 1658.

Respublica Magni Mogolis, sive **Indiæ veræ** (*J. de Laet*). Lugd. Bat., Elzev. 1631.

Il existe deux éditions de cette année, l'une de 285 pages, et l'autre de 299. Elles sont également estimées, et le nombre des pages est moindre dans l'une, parce que la justification des pages est plus grande que dans l'autre.

Respublica Moscoviæ, vide **Russiæ**.

Respublica Moscoviæ et Urbes (*M. Z. Boxhornii*). Lugd. Bat., Maire 1630.

Deux éditions de même date.

Respublica Namurcensis, vide **Lutzemburgensis**.

Respublica Persiæ. Lugd. Bat., Elzev. 1633.

Cette édition a 362 pages, et une autre de même date en a 374; mais cela provient de ce que la matière est plus serrée dans la première. — Il y a une autre édition de 1647, avec des additions : outre le chapitre XIII, qui est ajouté, on y a de plus mis à sa véritable place l'article VIII, ou dernier de la première partie, page 183, qui se trouve à la fin du livre, immédialement avant la Table, dans les éditions de 1633.

RESPUBLICA POLONIÆ, LITUANIÆ, LIVONIÆ, etc. Lugd. Bat., Elzev. 1627.

J'ai vu deux éditions de 1627 : l'une de 450 pages, et l'autre de 467. Celle-ci a été augmentée et corrigée, d'après ce qu'indique la Préface que l'auteur y a ajoutée. La troisième édition, de 1642, est entièrement semblable à la seconde, si ce n'est qu'on y a retranché la Préface, ou *Admonitio ad lectorem*, comme étant inutile (le volume ne contenant que ce que l'éditeur disait avoir ajouté à la première édition de 1627), et en outre le Privilége des États, comme n'étant plus valable. Au reste, l'édition de 1642 serait préférable, et pour le papier qui est plus beau, et pour le caractère qui est plus net, si on n'y remarquait plusieurs fautes, par exemple : page 1, lig. 8 en remontant, *Livioniæ* pour *Livoniæ*. — Page 3, lig. 10, après *liberam* il y a une virgule qui gâte le sens entièrement. — Page 5, lig. 2, *Præmissiensis* pour *Præmisliensis* : au lieu qu'on a corrigé *Posmaniensis*, qui est dans l'édition de 1627, pour y mettre *Posnaniensis*. — Page 410, num. 1202, *Micislaus* pour *Miccislaus*. — Et num. 1370, *Ungatus* pour *Ungarus*. La deuxième édition doit donc être préférée.

RESPUBLICA POLONIÆ, *Sim. Starovolscii*. Dantisci, Förster 1652.

RESPUBLICA PORTUGALLIÆ. Lugd. Bat., Elzev. 1641 et 1644.

Respublica Rhetiæ, *F. Sprecheri.*
Lugd. Bat., Elzev. 1633.

Respublica Romana, *Petri Scriverii.*
Lugd. Bat., Elzev. 1626.

Les Elzévirs ont donné deux autres éditions
de cet ouvrage en 1629. Bien que dans celles-
ci les pages soient précisément les mêmes, on
peut cependant les distinguer entre elles aux
remarques suivantes : Page 6, lig. 2, on lit
disiectas dans l'une et *disjectas* dans l'autre.
Voyez page 552, etc. Mais le caractère de
l'une est plus neuf, et le papier plus fort et
meilleur, quoiqu'il ne soit ni si blanc ni d'un
grain aussi fin : aussi le volume de cette
édition est-il d'un tiers plus épais que celui
de l'autre, quoiqu'il ne renferme pas un mot
de plus ; ce qui suffit cependant pour lui as-
surer la préférence. Du reste, ces deux éditions ne diffèrent de celle de 1626 qu'en ce
que celle-ci ne porte pas sur le titre *cum
Privilegio*, et que le Privilége ne se trouve
pas non plus à la fin. D'ailleurs, les réclames
au bas des pages sont presque toujours les
mêmes.

Respublica Russiæ, seu Moscoviæ,
    itemque Tartariæ. Lugd. Bat.,
Elzev. 1630.

Deux éditions de même date, dont l'une
a 327 pages et l'autre 345.

Respublica Sabaudiæ, *Lamberti Bur-*

chii. Lugd. Bat., Elzev. 1627 et 1634.

Respublica Scotiæ et Hiberniæ. Lugd. Bat., Elzev. 1627.

Derrière la dernière page, qui contient le Privilége, il y a *Lugd. Bat. ex Officina Elzev.* 1630.

Respublica Sueciæ. Lugd. Bat., Elzev. 1631 et 1633.

Ces deux éditions sont également bonnes, et celle de 1633 ne contient rien de plus que celle de 1631, comme on peut le voir dans l'Avertissement au lecteur, où on lit : *Jam secundam editionem damus, sed priore haud locupletiorem, etc.;* mais la beauté du papier et la netteté du caractere employés pour l'impression de la première édition doivent la faire rechercher de préférence à celle de 1633.

Turcici Imperii Status, *seu* Discursus varii de rebus Turcarum. Lugd. Bat., Elzev. 1630.

Liminaires, 4 feuillets; texte, 314 pages; Table, 5 pages non cotées.

En 1634, les mêmes imprimeurs ont donné une nouvelle édition avec ce titre : Turcici Imperii Status. *Accedit de Regn. Algeriano ac Tunetano Commentarius.* Ce volume, qui se compose de 4 feuillets de liminaires, de 363 pages de texte et de 5 pages de Table non cotées, doit être préféré au précédent.

Vallesiæ et Alpium Descriptio, *Io-siæ Simleri*. Lugd. Bat., Elzev. 1633.

Liminaires, 6 feuillets; texte, 377 pages; Table, 7 pages non cotées.

Respublica Veientium, vide Achæo-rum.

Respublica Venetorum, *Casp. Contareni*. Lugd. Bat., Elzev. 1626.

Il y a deux autres éditions de 1628, qui ont été beaucoup augmentées. Outre la *Description chorograph. du domaine de Venise*, on y a ajouté plusieurs articles importants. Je ne sais pourquoi on a supprimé la Dédicace de Sigism. Galenius qui est à la première édition. Des deux éditions de 1628, celle de 431 pages est préférée à l'autre qui en a 447, le caractère étant plus net et le papier plus beau. Du reste, elles ne diffèrent en rien pour le contenu.

Dialogi de Republica Venetorum, *Donati Jannotii*, cum notis et libro singulari de forma ejusdem Reipublicæ. Lugd. Bat., Elzev. 1631.

Il y a une autre édition de 1642; mais, comme on n'y a rien ajouté, on doit préférer celle de 1631 pour son exactitude. Je dis celle de 1631, quoiqu'il y en ait deux de cette date, dont l'une a 506 pages sans la Table, et l'autre seulement 467. L'une ne contient rien de plus que l'autre, et la différence dans le nombre des pages ne provient que de la différence de leur justification. Elles sont également recherchées, le caractère et le papier étant semblables.

TABLE ALPHABÉTIQUE

des

NOMS D'AUTEURS.

ANONYMORUM

APPENDICE

CONTENANT LES TRAITÉS,

imprimés par les Elzévirs,

Qu'on peut joindre aux Républiques.

J'avais d'abord résolu de donner ici, dans son entier, l'article qui commence à la page 163 et finit à la page 191 des *Mémoires de Littérature* de Sallengre, tome II, 2ᵉ partie, et intitulé : *Catalogue des Traités qu'on joint d'ordinaire aux Républiques, avec des remarques sur les éditions.* Mais le nombre des Traités qu'on peut joindre à ces petits ouvrages étant illimité, et, par conséquent, la liste toujours incomplète, j'ai cru devoir ne conserver ici que les ouvrages sortis des presses des Elzévirs, en m'efforçant d'en rendre le Catalogue aussi parfait que possible, et, par les rectifications et les remarques nombreuses que j'ai faites, de lui donner l'importance d'un ouvrage neuf.

J. C.

APPENDICE.

Arnisæi (Henn.) Doctrina politica. Amst.,apud Lud. Elzev.1643. in-12.

Volume de 610 pages, sans les deux Tables. Le papier et le caractère employés pour l'impression de cette édition, et surtout la pureté du texte, la recommandent particulièrement, et la font préférer à celle de 1641 imprimée par le même Elzévir.

Aulicus inculpatus, ex gallico auctoris anonymi (Marconnet), traductus a Joach. Pastorio, Med. Doct. Amst., Lud. Elzev. 1644. in-12.

Volume de 204 pages, sans la Table. — L'auteur de cette traduction dit dans sa Préface, qu'il l'avait faite fort à la hâte pour son usage, et que, dans cet état d'imperfection, en ayant donné une copie à un de ses amis, cette copie tomba entre les mains d'un Suisse de Bâle, nommé Eusèbe Meisner, correcteur d'imprimerie à Leyde, qui la fit imprimer avec une pompeuse Dédicace aux Curateurs de l'Université de Leyde, *in qua mira sed falsa omnia de natalibus miselli istius narrantur.* Notre auteur ajoute que ce Meisner, *tam intemperanti licentia mutaverit, ut locis non paucis alium inferret et sensum, nonnullis etiam perineptum : adeo,* poursuit-il, *ut morio aliquis aulicus ex illo purpurato, quem primus auctor formaverat, videretur factus.*

BENJAMINIS (D.) Itinerarium cum versione et notis Constantini L'EMPEREUR ab Oppyck, S. T. D. et S. L. P. in Acad. Lugd. Batava. Lugd. Bat., Elzev. 1633. in-8°.

Volume de 234 pages, sans les liminaires qui forment 25 feuillets, et l'Index qui en contient 11.

Il existe une petite édition latine de la même année et des mêmes imprimeurs, format in-24, qui n'est pas commune. C'est celle qu'on joint ordinairement aux *Républiques.*

BERTIUS (P.). Voyez CLUVERIUS.

BESOLDUS (Chr.). Voyez CLAPMARIUS.

BOCCALINI (Trajani) Lapis Lydius politicus. Latinitate donavit Ern. Ioan. CREUTZ. Amst., Lud. Elzev. 1640. in-12.

Volume de 196 pages, sans le Titre et la Dédicace qui occupent 5 feuillets.

Boxhornius. Voyez Grotius (Hugo).

Burgi (P.B.) De Bello Suecico Commentarii. Leodii (Elzev.), 1643. in-12.

Avec portraits.

Busbequii (Aug. Gisl.) Quæ extant. Lugd. Bat., Elzev. 1633. in-16.

En 1660, les Elzévirs d'Amsterdam ont réimprimé cet ouvrage format in-24.

Cæsii a Zesen (Philippi) Leo Belgicus, *hoc est* Succincta, ac dilucida narratio exordii, progressus, ac denique ad summam perfectionem redacti stabiliminis, et interioris formæ, ac status, Reipublicæ fœderatarum Belgii regionum. Cui accesserunt et additamenta. Amst., Lud. et Dan. Elzev. 1660. gr. in-12.

Volume de 346 pages, sans la Dédicace et la Préface de l'auteur, et *Catalogus auctorum, et Sectionum num.* 18, avec l'*Index rerum* qui est à la fin.

Campanellæ (Th.) Monarchia Hispanica. Amst., Elzev. 1640. in-16.

Louis Elzévir a réimprimé cet ouvrage en 1641, et y a corrigé un grand nombre de fautes qui avaient échappé dans l'édition de

1640, comme il le dit lui-même dans la Préface.

Cardani (Hieronymi), Mediolanensis, Proxeneta, *seu* De Prudentia civili liber; recens in lucem protractus : vel e tenebris erutus. Lugd. Bat., Elzev. 1627. in-12.

Les mêmes Elzévirs ont réimprimé, huit ans plus tard, cet ouvrage sous le titre suivant : **Cardani** *Arcana politica*, sive *De Prudentia civili liber singularis*. Lugd. Bat., Elzev. 1655. in-12. Quoique le nombre des pages du texte (608) de cette deuxième édition soit beaucoup moindre que celui de la première (767), elle est tout aussi complète. Seulement on y a retranché la Préface, pour des raisons qu'il sera facile de deviner quand on l'aura lue ; et au lieu de la Dédicace *Illustriss. D. D. Carolo Fayo, baroni d'Espesses, etc.*, on trouve celle-ci : *Viro clariss. Adolpho Vorstio, medico summo.* La suppression de la Préface dans cette deuxième édition, fait qu'on lui préfère généralement la première.

Clapmarii (Arn.) De Arcanis rerum publicarum libri sex, illustrati a Jo. **Corvino** J. C. *Accessit* Chr. **Besoldi** de eadem materia Discursus : necnon ejusdem Arn. **Clapmarii** et aliorum conclusiones de jure publico. Amst. Lud. Elzev. 1641. in-12.

Louis Elzévir a réimprimé ce volume en 1644, dans le même format.

CLUVERII (Philippi) Introductionis in universam Geographiam, tam veterem quam novam libri VI. Lugd. Bat., Elzev. 1629. in-16.

Volume de 252 pages, sans l'*Index rerum*. En 1641 et 1651, Louis Elzévir a publié à Amsterdam deux éditions de cet ouvrage, qui contiennent, de plus que la précédente, P. BERTII *Breviarium orbis terrarum*.

Autre édition, *Amst., ex Off. Elzev.* 1661.

Enfin il existe une édition datée : *Amst.*, *apud Elzevirios* 1677.

Toutes ces éditions sont de format in-16.

FABRICIUS (Georgius). Voyez THYSIUS (Ant.).

GOLNITZII (Abrah.) Ulysses Belgico-Gallicus : fidus tibi dux et Achates per Belgium, Hispan., regnum Galliæ, ducat. Sabaudiæ, Taurinum usque Pedemontii metropolim. Lugd. Bat., Elzev. 1631. in-16.

Les Elzévirs d'Amsterdam ont imprimé cet ouvrage, en 1655, dans le même format.

Golnitzii (Abrah.) Compendium geographicum succincta methodo adornatum. Amst., Lud. Elzev. 1643. in-12.

Volume de 278 pages, sans le Titre, la Dédicace et les Tables.

Il existe une autre édition in-12 du même imprimeur, avec la date de 1649, et qui a le même nombre de pages que celle de 1643. Ni l'une ni l'autre de ces deux éditions n'est bien correcte, et les noms des endroits cités y sont souvent défigurés.

Grotius (Hugo) De Mari libero, et P. **Merula** De Maribus. Lugd. Bat., Elzev. 1633. in-16.

Il a été publié deux éditions par les mêmes imprimeurs, avec la même date de 1633, et du même format, qui ne diffèrent que par le nombre de pages, qui est de 267 dans l'une et de 308 dans l'autre. Ceci provient de ce que dans l'une, outre que la justification est plus large, il y a une ligne de plus par page que dans l'autre. Dans l'édition de 308 pages, on a omis dans la Table des traités, qui se trouve immédiatement avant l'ouvrage, les indications suivantes : Accedit præterea, M. Zueri **Boxhornii** *pro navigationibus Hollandorum Apologia :* Item, *Tractatus pacis et mutui commercii inter Henricum* VIII, *regem Angliæ, et Philippum, archiducem Austriæ, conclusus anno* 1495, quoique ces deux traités s'y trouvent comme dans l'autre. Ainsi, le caractère et le papier étant les mêmes dans les deux éditions, il n'y a pas lieu de préférer l'une à l'autre.

HEGENITII (Gotfr.) Itinerarium Frisio-Hollandicum, et Abr. **ORTELII** Itinerarium Gallo-Brabanticum. In quibus quæ visu, quæ lectu digna. Lugd. Bat., Elzev. 1630. in-16.

Volume de 343 pages, liminaires compris, plus l'Index qui en occupe 9.

IRVINI (Alexandri, Scoti) De Jure Regni Diascepsis. Lugd. Bat., Elzev. 1627. in-24.

Volume de 239 pages, sans la Table des chapitres qui suit le texte.

JONSTONI (Johannis) Historia civilis et ecclesiastica ab orbe condito ad annum 1633. Amst., Lud. Elzev. 1641. in-12.

Volume de 309 pages. Derrière le titre se trouve un passage de Tite - Live, tiré de la Préface de son Histoire.

JUSTUS LIPSIUS. Voyez PUTEANUS.

KRVVSS (Johannes). **Voyez MALVEZZI** Princeps.

Lentuli (Cyriaci) Augustus, *sive* De convertenda in Monarchiam Republica; juxta ductum et mentem Taciti. Amst., Lud. Elzev. 1645. in-12.

Volume de 366 pages, sans la Dédicace et la Préface.

Lentuli (Cyriaci) De Constantia libri duo ; qui alloquium præcipue continent in publicis malis. Amst., Lud. Elzev. 1652. in-16.

Belle édition et fort exacte de cet ouvrage, qui doit être préférée à celle qu'ont successivement données Krafft, Col., 1651 ; Guill. Blaeu, Amst., 1633, et Jo. Maire, Leyde, 1652, en ce que dans l'*Index phrasium Græcarum*, et dans celui *locorum obscuriorum*, on a ajouté la citation des pages. On y trouve en outre une épigramme grecque de Vulcanius, qui n'est point dans les autres éditions.

Loccenii (I.) *J. C. et Profess. Acad. Upsal.,* De ordinanda Republica dissertationum libri quatuor. Accedunt duæ **Sallustii** Epistolæ, de ordinanda Repub. et una **Ciceronis** Epistola, de provincia recte administranda. Cum ejusdem notis politicis. Lugd. Bat., apud Jacobum Marci 1637. in-12.

Ce volume, qui a 552 pages, y compris le

Titre., l'Avis au lecteur et la Table des chapitres qui précédent le texte, a été indiqué à tort par M. de la Faye comme sorti des presses des Elzévirs. Ce qui a pu l'induire en erreur, c'est que sur le titre on remarque un arbre, autour duquel une vigne s'entortille ; mais on n'y voit point le solitaire et ces mots : *Non solus*. Ce qui, d'ailleurs, lève toute difficulté, c'est le nom de l'imprimeur qu'on lit ainsi sur la dernière page : *Ex officina* JOHAN. JANSONII a DORP. cIɔ Iɔc xxxvII.

MALVEZZI (Virgilii, marchionis) Princeps, ejusque arcana : in vita Romuli repræsentata. Latinitate donavit Johannes KRVVSS I. F. Lugd. Bat., apud Elzev. 1636. in-12.

Volume de 139 pages, sans les liminaires qui forment 14 feuillets.

MARCONNET. Voyez *Aulicus inculpatus*.

MEISNERI (Eusebii) Institutiones aulicæ, nunquam editæ ; ex C. Tacito cumprimis, sed et aliis historicis, ab auctore incerto traditæ, et jam ab Eusebio MEISNERO publico donatæ. Amst., Lud. Elzev. 1642. in-12.

Volume de 196 pages, sans la Table. C'est la traduction d'un livre français, qu'on avait dérobé au véritable auteur qui est Joach. PASTORIUS.

Ortelii Itinerarium. Voyez **Hegeni-
tius**.

Paschalii(Caroli)Legatus. Amst., Lud.
Elzev. 1645. gr. in-16.

Volume de 543 pages, sans le Titre, la
Dédicace du libraire et les deux Tables, des
chapitres et des choses.

Pastorius (Joach.). Voyez *Aulicus inculpatus* et **Meisneri** *Institutiones
aulicæ.*

Prioli (Benj.) Ab excessu Ludovici XIII de rebus Gallicis histo-
riarum libri XII. Ultraj., apud Petrum Elzev. 1669. in-12.

Ce volume, qui se compose de 508 pages
de texte et de 15 feuillets de liminaires, est
terminé par un Avis de l'auteur au lecteur,
et une liste de ses ouvrages, contenus dans
5 feuillets.

Puteani Dissertationes de Induciis
belli Belgici. Lugd. Bat., Elzev.
1633. in-12.

Volume de 214 pages, y compris le Titre
et l'Approbation du censeur. Voici son titre
exact : *Dissertationes de Induciis belli Belgici,
in quibus* I. **Er. Puteani** *De Induciis Belgicis
dissertatio politica;* II. Ejusdem *Statera belli
et pacis;* III. **Justi Lipsii** *Epistola qua suadet*

bellum , pacem , inducias Regi Hispano cum Gallo , Anglo , Batavis ; IV. In eam Notæ seu Stricturæ politicæ. Lugd. Batavorum, ex officina Elzeviriorum. cIɔ Iɔc xxxiii.

SCHELII (Rabodi Hermanni) De Jure Imperii liber. Amst. , apud Dan. Elzev. 1671. in-8°.

Volume de 359 pages.

SCHONBORNERI (Georgii) Politicorum libri septem. Editio ad ipsius authoris emendatum exemplar nunc primum vulgata. Amst., Lud. Elzev. 1642. in-12.

En 1650, Louis Elzévir a réimprimé ce même ouvrage avec le même titre , même caractère et même format, et, quoique les pages soient de mêmes dimensions que celles de l'édition de 1642, elle a 18 pages de moins, car elle n'en a que 524 et l'autre 542. Ceci provient de ce que la composition est plus serrée , et que, par ce moyen , on a regagné quelques lignes à chaque page. Ainsi, le chapitre VII, qui est au commencement de la page 38 dans l'édition de 1642, se trouve au milieu de la page 37 dans celle de 1650; et ainsi de suite, jusqu'à la fin.

Il existe une troisième édition , *Amst. , ex Officina Elzev.* 1660, semblable, quant au format et au caractère, à celle de 1650, et sans changements dans le titre. De sorte qu'on pourrait facilement la prendre pour celle-ci,

si les réclames étaient partout les mêmes,
car elle a aussi 524 pages. Mais on remarque,
pages 2 et 11, par exemple, que la dernière
ligne n'est qu'à demi-pleine dans l'édition
de 1660, et tout à fait remplie dans celle de
1650. Il n'y a, du reste, aucune raison pour
préférer l'une de ces trois éditions aux deux
autres.

Seldeni (Joannis) Mare clausum, *seu*
De Dominio maris libri duo. Juxta
exemplar Londinense, Will. Sta-
nesbii pro Richardo Meighen (Lugd.
Bat., Elzev.) 1636. in-12.

Volume de 567 pages, sans le Titre, la
Dédicace, la Préface et la Table des chapitres,
qui sont contenus dans 12 feuillets liminaires. Derrière le titre se trouve l'*Argumen-
tum*. 2 cartes et fig.

Sleidanus, De quatuor summis Imperiis. Lugd. Bat., Elzev. 1624. pet.
in-8°.

Dans cette édition, les citations des auteurs
sont pour la plupart sous forme d'additions
marginales.

Abr. et Bon. Elzévir ont imprimé, en 1631,
une seconde édition de cet ouvrage, qui est
reconnue pour la meilleure. Elle est du format des *Républiques*, et on en a mis les notes
et citations marginales dans le corps de l'ouvrage, après chaque article. Elle a 554 pages.
La Dédicace, qui existe dans plusieurs éditions, a été supprimée, on ne sait trop pour-

quoi, dans celle-ci. *Vita Sleidani*, qui se trouve immédiatement avant l'ouvrage, est tirée de divers auteurs.

Louis Elzévir, Amst. 1654, a donné une troisième édition où rien n'a été changé, quoiqu'on lise sur le titre : *Libri tres, postrema editione hac accurate recogniti.*

Status particularis regiminis S. C. Majestatis Ferdinandi II. s. l. (Lugd. Bat., Elzev.). 1637. in-16.

Volume de 365 pages. Quoique le nom des Elzévirs ne figure pas sur le titre, il est facile de voir que c'est des presses de ces habiles imprimeurs que ce volume est sorti. On lit dans la Préface : *Nomini, seu editoris, seu collectoris, parcendum fuit.* Il a été fait en Allemagne une contrefaçon de cet ouvrage, sous la même date ; mais on la reconnaît facilement, en ce qu'elle ne contient point *Eremitæ iter Germ.*

Thysii (Antonii) Roma illustrata, *sive* Antiquitatum Romanarum Breviaciarum. Accessit Georgii Fabricii Chemnicensis veteris Romæ cum nova collatio. Amst., apud Lud. et Dan. Elzev. 1657. in-12.

Volume de 524 pages, sans la Dédicace et l'*Index rerum et verborum* qui se trouve à la fin. Derrière le second Titre se trouve un Avis au lecteur, où l'auteur le prévient qu'il s'est servi, pour composer cet ouvrage, de celui de Juste-Lipse, intitulé *de Antiquitate Romana.*

Vareni (Bernh.) Geographia generalis, in qua affectiones generales telluris explicantur. Amst., Lud. Elzev. 1650. in 12.

Daniel Elzévir a réimprimé cet ouvrage en 1664 : 748 pages, sans les liminaires, qui forment 20 feuillets et 5 tableaux répartis dans le texte.

Veri (Joan. Baptistæ) Rerum Veneta-rum libri quatuor, ad illustrissimum virum Petrum Contarenum Fran-cisci F. Amst., apud Lud. Elzev. 1644. gr. in-16.

Volume de 458 pages, sans la Dédicace et la Table, qui, avec les Titres, forment 8 feuillets.

FIN.